超级疯狂阅读系列

追踪引领时代的
科学先驱

崔钟雷 主编

知识出版社

前言

　　什么？名垂千古、冠绝古今、前无古人后无来者的阿基米德原理，竟然是两千多年前的一个叫阿基米德的人在浴缸中洗澡时发现的？而富家子弟哥白尼竟敢冒天下之大不韪，偷偷地证明了人们信仰已久的地心说是错误的，原来不是太阳绕着地球转，而是地球绕着太阳转。就算他再有钱，他也不能公然推翻人们的观念和信仰啊？虽然人们拿他没办法，可他的追随者——孤儿布鲁诺可倒了大霉了，因为追随日心说，布鲁诺竟然被罗马天主教廷以异端分子的罪名活活烧死了。唉，

谁让他生得太早。要是现在，谁不知道地球是绕着太阳转的啊？

可是，这些在我们现代人眼中习以为常的真理，在古代的时候，可都是不被人们接受的啊，谁敢提出这些，谁就要冒着极大的风险。你不要觉得奇怪，这些科学发现确实都是一个个科学家呕心沥血得来并传播下来的。正是这些勇敢的科学家的无私奉献，才有了人类今天的现代化社会。

本书要向你介绍的，正是这些伟大而饱受磨难的科学家的经历和贡献。在好看的插图和漫画的辅助下，你一定会获得更多的知识和乐趣。

编　者

2014 年 6 月

目录

超级疯狂阅读系列

蒙昧中的启蒙者

是谁发现了阿基米德定理

是谁发现了阿基米德定理？哈哈，当然是阿基米德了。他是古希腊著名的物理学家、哲学家、数学家。他曾经说过这样一句话：

给我一个支点，我能撬动地球！

由于他对力学的贡献，他被封为"力学之父"。

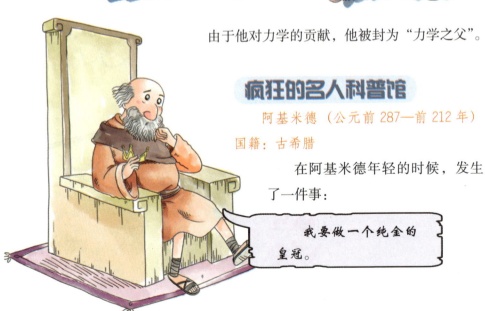

疯狂的名人科普馆

阿基米德（公元前 287—前 212 年）

国籍：古希腊

在阿基米德年轻的时候，发生了一件事：

我要做一个纯金的皇冠。

<8>

负责给国王做皇冠的工匠说:

这是一个捞金的好机会!

我得找个人给我检测一下。

但是，聪明的国王对工匠也不是百分之百的信任，他想检测一下做成的皇冠有没有掺假，于是他开始动脑筋了。

考考你: 谁发现了杠杆原理?

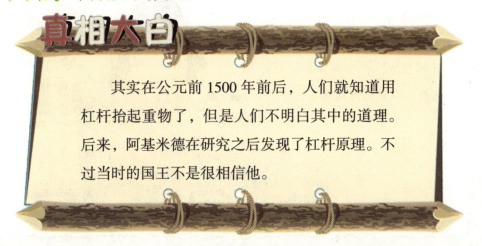

真相大白

其实在公元前 1500 年前后，人们就知道用杠杆抬起重物了，但是人们不明白其中的道理。后来，阿基米德在研究之后发现了杠杆原理。不过当时的国王不是很相信他。

<9>

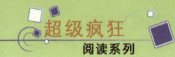

阿基米德有一个可爱的日记本，他记录了发现阿基米德定理的过程……

考考你： 阿基米德是如何证明杠杆理论的？

真相大白

　　在海岸边，有一艘搁浅了很久的大船。阿基米德设计了一套复杂的杠杆滑轮系统，并将它安装在船上。然后，他让国王拉动绳索。奇迹出现了，大船真的移动了，并且移到了海里。

<11>

****年7月1日

已经思考了两个月了，还是没有思路，这两个月，吃不下睡不着，连一次澡都没洗过……

反正都想不出来了，先洗个澡再说……

<12>

看完才知道

　　阿基米德在天文学方面也有出色的成就。他认为地球是圆球状的，并围绕着太阳旋转，这比哥白尼的"日心说"早 1 800 年。可惜，他并没有对这个问题进行深入系统的研究。但在公元前 3 世纪就能提出这样的见解，也很了不起了。

<13>

阿基米德终于找到了检测工匠是否偷工减料的办法，因为他发现了浮力定律。

神奇的科学发现

名称：阿基米德定理，又称浮力定律。

基本情况：浸在静止流体中的物体受到流体作用的合力大小等于物体所排开的流体的重力。通俗的解释是，要浮起1千克的木头，就需要排开1千克的水。

考考你： 阿基米德是如何运用聪明才智保卫国家的？

真相大白

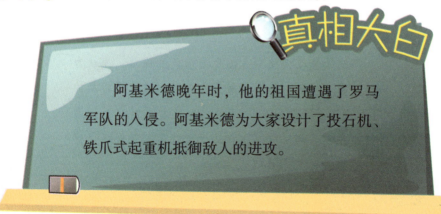

阿基米德晚年时，他的祖国遭遇了罗马军队的入侵。阿基米德为大家设计了投石机、铁爪式起重机抵御敌人的进攻。

疯狂的专家说

阿基米德多才多艺，他不仅发现了浮力定律，还确定了抛物线弓形、螺线、圆形的面积以及椭球体、抛物面体等复杂几何体的表面积和体积的计算方法。

两种结局

阿基米德根据阿基米德定理，证明了工匠偷工减料，国王重重地赏赐了阿基米德，并且说：

今后，无论阿基米德说什么，都要相信他！

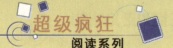

而工匠的结局有些悲惨：

考考你的老师：

你知道阿基米德的墓碑有什么特别之处吗？

你要记住这个才能考倒你的老师！

　　阿基米德死后，罗马将军马塞勒斯为其立碑，因阿基米德发现球的体积、表面积都是外切圆柱体体积及表面积的 2/3，所以碑上刻有球内切圆柱的图形。当然，这也是阿基米德生前的愿望。

<16>

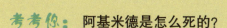

考考你： 阿基米德是怎么死的？

真相大白 ＞＞＞

　　阿基米德的家乡被攻破的时候，他正在潜心研究一道深奥的数学题。一个罗马士兵粗鲁地破坏了他的研究成果。正当阿基米德愤怒地与之辩论的时候，他的脑袋就被士兵砍掉了。

挑战你的思维

　　大家小的时候一定听过《曹冲称象》的故事吧？故事里聪明的曹冲巧妙地把大象的重量称了出来，那么你知道曹冲称象利用的是什么原理吗？

A 杠杆原理

B 浮力定律

C 万有引力定律

D 质量守恒定律

答案 ▽

　　当然是B了，曹冲用的是阿基米德发现的浮力定律，即浸在静止流体中的物体受到流体作用的浮力大小等于物体排开的流体的重力。

哥白尼是怎么走上天文学之路的

我现在安全了……

疯狂的名人科普馆

尼古拉斯·哥白尼 （1473—1543 年） 国籍：波兰。

哥白尼出生于波兰维斯杜拉河畔的托兰市的一个富裕家庭。因为家境富裕，所以当别人都为生活奔波时，他可以优哉游哉地闲逛。哥白尼喜欢看星星，但是有一件事让他苦恼。

考考你： 哥白尼是怎么死的？

真相大白

哥白尼不是被烧死的，他死于脑溢血。《天体运行论》还未出版的时候，他就料到自己的观点一定会受到攻击。但他下定决心将书公之于众。然而，书刚出版，他就去世了。

一件不幸的事

爸爸,你给我盖一座高楼吧,我想上去看星星。

坏消息

他爸爸说:

傻儿子,有钱不是这样花的……

好消息

你不给我盖没关系,幸好有一个爱显摆的邻居,他家房子高,我去他家房顶上看……

< 19 >

于是，小哥白尼就天天晚上爬上邻居的房顶看星星，思考着一些奇怪的问题……

后来，小哥白尼上学了，他遇到了一位数学老师，他问老师怎样才能找到问题的答案，老师对他说：

考考你： 你知道哥白尼和老师辩论的故事吗？

真相大白

哥白尼曾经和一位老师辩论过宗教的天命问题。虽说年纪很小，但是哥白尼却不迷信古人的说法。他勇敢地指出前人的谬论。最后，老师也肯定了哥白尼的见解。

<20>

从此，哥白尼开始了研究天体的道路，晚上爬上邻居的房顶观察星星，白天在纸上闷头计算。

不久，当地一家权威报社在头版头条发布了这样一则消息：

1543 年 5 月 2 日　　每日新闻

颠覆的世界

有一个叫哥白尼的家伙，出版了一本书，叫《天体运行论》。在书中，他说：这么多年来，人们一直被教会蒙蔽了，其实星星不是绕着地球转的，而是绕着太阳转。哥白尼将这种理论叫作"日心说"。遗憾的是，我们不能跟他辩论一番了，因为他在今天早晨去世了。

疯狂的专家说

　　哥白尼对"地心说"的倡导者托勒密有着极为客观的评价："应该把自己的箭射向托勒密的同一个方向，只是弓和箭的质料要和他的完全两样。"同时，他在托勒密的基础上研究，从而得出自己的结论。

　　教会的牧师看了这篇新闻，在教会中发布了一个紧急通知：

紧急通知

所有信徒请注意：

　　坚决不能让《天体运行论》流传开来，发现私藏者，就地处决；发现传播"日心说"者，立即烧死！

教会总会

1543 年 5 月 2 日

　　就在这则通知发布不久，教会就发现了一个"日心说"的传播者，那个人叫布鲁诺，他又有怎样的命运呢，请接着往下看……

<22>

考考你： 哥白尼尸骨的埋葬地点在哪里？

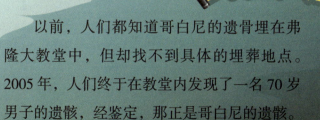

真相大白

　　以前，人们都知道哥白尼的遗骨埋在弗隆大教堂中，但却找不到具体的埋葬地点。2005 年，人们终于在教堂内发现了一名 70 岁男子的遗骸，经鉴定，那正是哥白尼的遗骸。

< 23 >

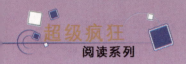
看完才知道

第谷与开普勒的不同选择

第谷·布拉赫是丹麦天文学家，而开普勒则在第谷的手下研究天文学。第谷很崇拜哥白尼，他曾经打发人去弗隆堡访问，并取回一幅哥白尼的自画像和他生前用过的一架"捕星器"。第谷看到这个仪器时大为惊诧，哥白尼竟是用这么简陋的仪器来考察"天体的奥妙"。他毕恭毕敬地把哥白尼的遗像供在上位，还在遗像下题词："力大无比的巨人能够搬过一座山来加到另一座山上，可是雷的劈击却能把巨人制服——比起所有这些巨人，哥白尼不知要坚强多少，伟大多少。他把整个地球连同所有的山岳举起来迎向群星，雷的劈击却不能把他制服。"但是这个丹麦人到头来并没有接受哥白尼的学说，只是崇拜而已。跟这个丹麦人相反，他的年轻的助手——开普勒却衷心信奉哥白尼的学说。他利用自己发明的望远镜，把有关宇宙结构的科学向前推进了一步。

❓ 考考你的老师：

你知道，哥白尼遗骸的发现有什么重要意义吗？

你要记住这个才能考倒你的老师！

在哥白尼遗骸下葬仪式的过程中，出席并主持下葬仪式的神职人员亚采克·耶杰尔斯基满怀激情地对大家说："今天的葬礼具有重要的意义，显现科学与信仰的和解。"

<24>

挑战你的思维

哥白尼是一个伟大的学者，他的一生都值得我们学习，如果你详细了解过他的一生，就能将下面的几道测试题轻松地解答出来，你做好准备了吗？

1.哥白尼一生的研究都涉及了哪些领域？（ ）

A 数学

B 天文学

C 教会法

D 医学

E 经济学

2.哥白尼是个好学的人，你知道他一共到过哪几所学校求学过吗？（ ）

A 亚捷隆大学

B 博洛尼亚大学

C 帕多瓦大学

D 费拉拉大学

答案

1.ABCDE，哥白尼的涉猎十分广泛。

2.ABCD，哥白尼真是太好学了！

<25>

为什么说
布鲁诺是"日心说"的传播者

人的天职在勇于探索真理。

——布鲁诺

疯狂的名人科普馆

乔尔丹诺·布鲁诺（1548—1600 年）文艺复兴时期的意大利思想家和哲学家。

考考你： 布鲁诺的死因与"日心说"有关吗？

真相大白 ▶▶▶▶

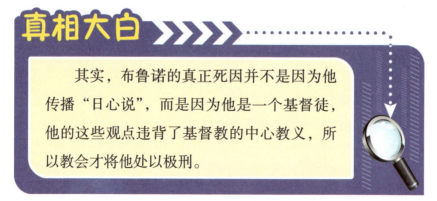

其实，布鲁诺的真正死因并不是因为他传播"日心说"，而是因为他是一个基督徒，他的这些观点违背了基督教的中心教义，所以教会才将他处以极刑。

❓考考你的老师：

你知道法国为什么在 1586 年再次驱逐布鲁诺吗？

你要记住这个才能考倒你的老师！

这是因为 1586 年春天，布鲁诺在巴黎的索尔蓬纳大学的大规模辩论会上再次论证了他的宇宙观，反对被教会奉为绝对权威的亚里士多德和托勒密所确立的宇宙观，所以被驱逐出法国。

"异教徒"之路

1548 年，布鲁诺出生在意大利那不勒斯附近一个风景秀丽的诺拉小镇，他最开始叫菲利普，但是他很小的时候就失去了父母，神父收养了他，一直给予他神学教育，所以 15 岁布鲁诺就成了修道士，并改名为乔尔丹诺·布鲁诺。布鲁诺最终被任命为神父，不过不久之后，教会就对这次任命感到非常后悔，甚至觉得荒唐至极。但是，更荒唐的事情还在后面。

< 27 >

《天体运行论》的内容包括哪些

哥白尼的《天体运行论》共6卷：

第一卷论太阳居宇宙的中心，地球和其他行星都绕太阳运行。

第二卷论地球的自转，指出地球是绕太阳运转的一颗普通行星，它一方面以地轴为中心自转，一方面又循环着它自己的轨道绕太阳公转。

第三卷论岁差。

第四卷论月球的运行和日月食。

第五卷、第六卷论水星、金星、火星、木星和土星五大行星。

一直沉醉于阅读的布鲁诺刚接触到哥白尼的《天体运行论》时，就立刻燃起了火一般的热情，以至于他立刻摒弃宗教思想，也因此被指控为异教徒，被宗教裁判所列入十大通缉犯。

1576年，28岁的布鲁诺离开修道院，到处做报告、写文章，还时常出席一些大学的辩论会，毫不畏惧地用笔和口传扬哥白尼学说。

< 28 >

考考你：布鲁诺的死产生了什么轰动效应？

真相大白

布鲁诺虽然死了，但是哥白尼学说的思想依然传遍了整个欧洲。而人民的思想也得到更新，宗教的力量也不那么强大了。1619年，罗马天主教会不得不将《天体运行理论》列为禁书。

< 29 >

哥白尼学说的传扬

一直接受神学教育的布鲁诺虽然没有系统地学过天文学和数学，但他却大大丰富和发展了哥白尼学说。他在《论无限、宇宙及世界》这本书当中，提出了宇宙无限的思想，他认为：

宇宙是统一的、物质的、无限的和永恒的。在太阳系以后还有无以数计的天体世界。人类所看到的只是无限宇宙中极为渺小的一部分，地球只不过是无限宇宙中一粒小小的尘埃。

布鲁诺还说：

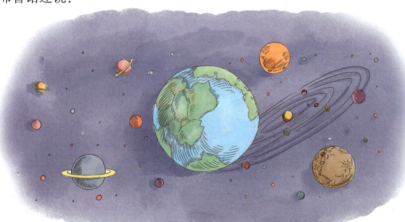

千千万万颗恒星都是如同太阳那样巨大而炽热的星体，这些星体都以飞快的速度向四面八方疾驰不息。它们的周围也有许多像我们地球这样的行星，行星周围又有许多卫星。生命不仅存在于我们的地球，也可能存在于那些人们看不到的遥远的行星上。

< 30 >

很多人都觉得布鲁诺是疯子，甚至连当时被尊为"天空立法者"的天文学家开普勒也无法接受，甚至说自己在阅读布鲁诺的著作时感到一阵阵头晕目眩！

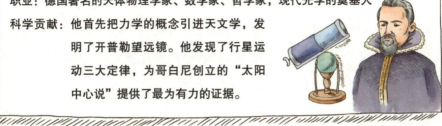

姓名：约翰尼斯·开普勒　生卒年：1571—1630 年

职业：德国著名的天体物理学家、数学家、哲学家，现代光学的奠基人

科学贡献：他首先把力学的概念引进天文学，发明了开普勒望远镜。他发现了行星运动三大定律，为哥白尼创立的"太阳中心说"提供了最为有力的证据。

残酷的宗教刑法

当时，连科学家们都无法接受布鲁诺的学说，封建的天主教会就更不会放过这个"有害的异端"和"十恶不赦的敌人"。1592 年 5 月 23 日，他们逮捕了布鲁诺，对他接连不断的审讯和折磨长达 8 年之久！直到 1600 年 2 月 17 日，在罗马的鲜花广场，布鲁诺被执行了火刑。

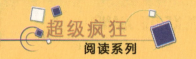
考考你： 名震世界的宗教裁判所的囚房是什么样的？

真相大白

在罗马教皇控制欧洲的时候，它们在教堂的周围建立了一幢灰色的、由石头砌成的房子。这个低矮又被铅皮包裹的房子简直就是一座坟墓，这就是主教们审判"异端"的地方。

❓ 考考你的老师：

你知道布鲁诺在哲学领域有什么贡献吗？

你要记住这个才能考倒你的老师！

布鲁诺在古代朴素唯物主义和自然辩证法的基础上，汲取了文艺复兴时期先进哲学和自然科学成果，论证了唯物主义和辩证法思想，开创了近代唯物主义和辩证法的先河。

挑战你的思维

布鲁诺为科学献身的精神永远值得我们学习，下面是一些关于布鲁诺的测试题，你知道答案吗？

1.1583 年，布鲁诺逃往伦敦。旅居伦敦期间是他思想完全成熟和创作的高峰期。以下几部作品中哪些是他在伦敦创作出来的？（ ）

　　A 《灰堆上的华宴》

　　B 《论原因、本原与太一》

<32>

C 《论无限、宇宙与众世界》

D 《驱逐趾高气扬的野兽》

E 《飞马和野驴的秘密》

F 《论英雄热情》

2.1592年，布鲁诺被捕入狱，那你知道布鲁诺是在什么地方被捕的吗？（ ）

A 法兰克福

B 罗马

C 日内瓦

D 威尼斯

答案

1.ABCDEF，当时正是他创作的高峰期。

2.D，因为他中了罗马教徒的诡计，回国后就被捕了。

考考你： 布鲁诺死之前，说出的那句名言是什么？

真相大白

布鲁诺被行刑的时候，当局为了防止他乱说话，竟然把他的舌头钉住了。可是，布鲁诺的名言还是流传了下来：你们在宣判的时候，比我听到判决时还要恐惧——这是他在宣判的时候说的。

< 33 >

什么？你忘记了伽利略的比萨斜塔实验？那就翻书好好看看吧！

疯狂的名人科普馆

伽利略·伽利雷（1564—1642年），意大利天文学家、力学家、哲学家、物理学家、数学家。他是科学革命的先驱，是第一个在科学实验的基础上融会贯通了数学、物理学和天文学三门知识的人，扩大、加深并改变了人类对物质运动和宇宙的认识。

伽利略享有诸多赞誉，他被誉为"近代科学之父""现代观测天文学之父""现代物理学之父""科学之父"及"现代科学之父"。

新宇宙的发现

五百多年前的欧洲大陆，有两个名字是大家万分钦佩的——就是哥伦布和伽利略。

哥伦布发现了新大陆，伽利略发现了新宇宙。

五百多年过去了，当代最伟大的物理学家史蒂芬·霍金也依旧将伽利略看作是里程碑一样的人物，他说：

自然科学的诞生要归功于伽利略，他在这方面的功劳大概无人能及。

< 35 >

　　伽利略是世界科学史上的转折点，他顶着巨大的压力推翻了以亚里士多德为代表的依靠主观思考和纯推理方法做出结论的学派，开创了以实验事实为根据并具有严密逻辑体系的近代科学。他创立了研究自然科学的新方法，将人类对自然界的研究，尤其是天文学、物理学的研究推上了正确的轨道。

　　伽利略喜欢看星星，那个时候的天空不像现在污染这么严重，晚上抬头就是满天的星星。可他看星星时所想的却和别人不一样，他在思考天上星星的结构和距离。

❓ 考考你的老师：

天上的星星实在是太多了，它们都会发光吗？

你要记住这个才能考倒你的老师！

　　其实，并不是这样的。星空中有很多不能发光的星星。通过天文望远镜我们就会发现，我们肉眼能看见的会发光的星星大多数都是恒星，只有极少数是通过反射光线而发光的，如月亮。

<36>

考考你： 你知道望远镜是谁发明的吗？

真相大白 ▶▶▶

1608 年，荷兰米德尔堡眼镜师汉斯·李波尔在一次检测透镜的质量的时候，发现一块凸透镜和一块凹透镜排成一条线时，能产生放大和拉近的效果。于是，他发明了最早的望远镜。

伽利略在前人的基础上，制作出了更高级的望远镜。

伽利略制作的望远镜极具艺术气息，因为他是用风琴管和凸凹透镜做成的。可最开始的时候倍率仅仅为 3，然后又提高到 9，伽利略觉得这么低的倍数根本不能满足自己一窥天象的愿望，于是他又将望远镜放大率提高到 33，这下想要把星星看清楚就容易多了！

看完才知道

比萨斜塔上的著名实验

1590 年，伽利略在比萨斜塔上做了两个重量不同的铁球自由落体的著名试验，一个 10 镑重的铁球和一个 1 镑重的铁球同时从比萨斜塔高处落下来，结果两个铁球同时落地。伽利略这个试验推翻了古希腊哲学家亚里士多德"物体下落速度和重量成比例"的学说，推翻了这个存在 1 900 年之久的错误结论。

天文学的新时代

虽然这种望远镜结构简单，看得也不是那么清楚，但是伽利略还是用它发现了月球表面的凹凸不平，并亲手绘制了第一幅月面图。1610年1月7日，伽利略发现了木星的四颗卫星，这一发现为哥白尼的"日心说"找到了确凿的证据，彻底否定了统治千余年的亚里士多德和托勒密的"天动说"。

问答：

木星的四颗卫星哪一颗叫伽利略卫星？

答案 ⊙

四颗卫星都叫伽利略卫星，你被骗啦！哈哈哈！

我们都叫伽利略卫星。

为了纪念伽利略的功绩，人们把木卫一、木卫二、木卫三和木卫四命名为伽利略卫星。

<38>

　　这架望远镜可是伽利略的宝贝，伽利略借助它先后发现了土星光环、太阳黑子、太阳的自转、金星和水星的盈亏现象、月球的周日和周月天平动，还有无数恒星组成的银河，并且证明了地球是运动的以及地球的潮汐现象。与其说是伽利略带领人类进入天文学研究的新时代，倒不如归功于这架望远镜。

　　伽利略之所以能够取得如此伟大的成就，首先在于他敢于向传统权威思想挑战，其次在于他通过观察和实验来寻求自然规律。正是基于这样的科学思想和原则，伽利略开辟了数学与实验相结合的研究方法。这种研究方法是他在科学上取得伟大成就的源泉，也是他对近代科学最重要的贡献。

　　在伽利略对宇宙的研究过程中，第一次提出惯性参照系的概念：

　　对一切运动的描述，都是相对于某个参考系的。在一个参照系内保持相对静止或相对匀速直线运动状态的参考系就是惯性系。比如研究地面上物体小范围内的运动时，地球是一个很好的惯性系。研究太阳系中天体的运动时，太阳就是一个很好的惯性系。

< 39 >

伽利略还提出了相对性原理，这是爱因斯坦狭义相对论的先导。

一个物体相对于另一个物体做匀速直线运动时，其力和速度之间的关系不改变。比如在行进的车上向地板垂直扔下一个球，这个球就会垂直下落，而不是落在抛点的后方。

相距很远的两个观察者，各执一盏能遮闭的灯，观察者 A 打开灯，经过一定时间后，光到达观察者 B，B 立即打开自己的灯，过了某一时间后，此信号回到 A，于是 A 可以记下从他自己开灯的一瞬间，到信号从 B 返回到 A 的一瞬间所经过的时间间隔 t。若两观察者的距离为 s，则光的速度为 $v=2s/t$。

<40>

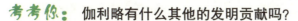

考考你： 伽利略有什么其他的发明贡献吗？

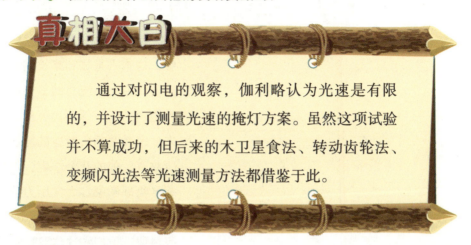

真相大白

通过对闪电的观察，伽利略认为光速是有限的，并设计了测量光速的掩灯方案。虽然这项试验并不算成功，但后来的木卫星食法、转动齿轮法、变频闪光法等光速测量方法都借鉴于此。

生不逢时的科学家

1637 年，伽利略不幸双目失明，最小的女儿也是唯一的亲人玛丽亚也先他一步离开人间，无论是身体上还是精神上，伽利略都受到了巨大的打击。

追求科学真理是需要特殊勇气的。

即使这样，伽利略依旧没有放弃研究。1638年，他的《关于两门新科学的讨论》出版，这本书是伽利略长期对物理学研究的系统总结，也是现代物理的第一部伟大著作。后来，宗教裁判所对他的监视有所放宽，他的几个学生，包括著名物理学家、大气压力的发现者托里拆利才得以来到身边照料他。他们和这位双目失明的老科学家共同讨论如何应用摆的等时性设计机械钟，还讨论过碰撞理论、月球的天平动、大气压下矿井水柱高度等问题。

考考你： 你知道伽利略和温度计的关系吗？

真相大白

温度计也是伽利略发明的。最早的温度计是根据热胀冷缩的原理设计的，但是这种温度计受外界大气压强等环境因素的影响较大，所以测量误差也较大。

<42>

挑战你的思维

伽利略是世界著名的天文学家、物理学家、哲学家，他还是一个发明家，你不知道吧！

1.伽利略发明了哪些东西呢？（ ）

A 温度计

B 望远镜

C 比重秤

D 气压计

E 脉搏计

2.伽利略一生贡献极多，同时，他所涉及的领域也很广泛，你知道他的成就主要涉及到哪些领域吗？（ ）

A 力学

B 天文学

C 哲学

D 热学

E 相对性原理

答案

1.ABCE，我说的是真的，不信你可以去查证嘛！

2.ABCDE，他就是这么的博学多才。

<43>

谁建立了
经典物理学

在 2005 年，英国皇家学会进行了一场"谁是科学史上最有影响力的人"的民意调查，在被调查的皇家学会院士和网民投票中，有一个人被认为比伟大的科学家阿尔伯特·爱因斯坦更具影响力，你觉得会是谁呢？

A 伽利略

B 史蒂芬·威廉·霍金

C 艾萨克·牛顿

答案 ⌄

　　答案是 C，也是我们这一篇的主角。想知道为什么吗？那就继续阅读吧！

疯狂的名人科普馆

　　艾萨克·牛顿（1642 年 12 月 25 日—1727 年 3 月 31 日）是人类历史上出现过的最伟大、最有影响的科学家，同时也是物理学家、数学家和哲学家，晚年醉心于炼金术和神学。1705 年，英国安妮女王授予牛顿爵士身份。

　　议案名称：议会厅太冷了。

　　提案人：艾萨克·牛顿爵士

　　解决方案：关窗户

<44>

考考你： 为什么小牛顿在大风暴的天气里还要出去玩？

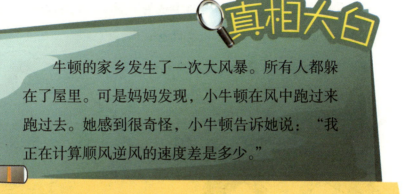

真相大白

牛顿的家乡发生了一次大风暴。所有人都躲在了屋里。可是妈妈发现，小牛顿在风中跑过来跑过去。她感到很奇怪，小牛顿告诉她说："我正在计算顺风逆风的速度差是多少。"

小牛顿的发明

牛顿的天赋从小就显露出来。虽然学习成绩不好，但他喜欢读书，喜欢制作模型，还制作过小风车、小木钟、折叠式小提灯等小玩意。

这些都是牛顿小时候的发明创造，他还喜欢绘画、雕刻，尤其喜欢刻日晷，家里墙角、窗台上到处安放着他刻画的日晷，用以验看日影的移动。

奶酪奶酪……我怎么总是吃不到！

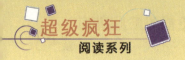
伟人也迷糊

后来，牛顿在剑桥大学读书，毕业后成为了剑桥大学的教授。这段期间，他不仅完成了许多研究，还给我们留下了很多趣事。

虽然牛顿教授解决疑难问题的能力超过常人，但我们实在听不懂他在讲什么。

牛顿教授总是不系领带，不系袜带，不扣马裤，这是他的标准装束。

我的怀表呢？

牛顿总是忘记吃饭！当牛顿的胃太痛苦了！

<46>

一个苹果引发的定律

牛顿生活上的马虎绝不影响他的学术研究。1665 年，牛顿与戈特弗里德·莱布尼茨分享了发展出微积分学的荣誉。1666 年，他发现日光是由七种不同颜色组成的，并用三棱镜发展出了颜色理论。1668 年，他发明了第一架用来观察星空的反射望远镜——也就是现在我们所说的牛顿望远镜。

因为牛顿对读书的热爱、对未知事物的不断思考，一颗苹果帮助他发现了著名的万有引力定律。

考考你： 吹肥皂泡的疯老头是谁？

真相大白 ▶▶▶▶

晚年的牛顿开始研究光线的反射问题。他经常因为沉迷于思考之中而穿错了衣服。有一次，他在院子里吹肥皂泡，一吹就是几个小时，楼上的孩子看到他竟然少穿了一只袜子。

< 47 >

1666年夏末一个晴朗的傍晚,一只历史上最著名的苹果落了下来,打在23岁的牛顿的头上。如果是你,你会怎么做?

A 吃掉它!

B 给小兔子吃!

C 我也不知道!

什么力量使月球保持在环绕地球运行的轨道上,以及使行星保持在其环绕太阳运行的轨道上?为什么苹果会坠落到地上?

所以,这个世界上不会有第二个牛顿,也不会有第二个砸到牛顿的苹果了。

考考你: 牛顿请客是怎么回事?

真相大白

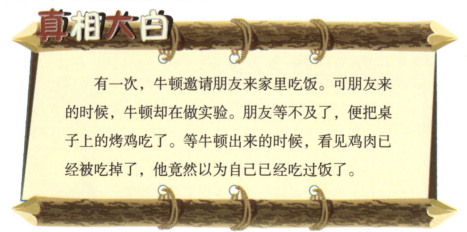

有一次,牛顿邀请朋友来家里吃饭。可朋友来的时候,牛顿却在做实验。朋友等不及了,便把桌子上的烤鸡吃了。等牛顿出来的时候,看见鸡肉已经被吃掉了,他竟然以为自己已经吃过饭了。

<48>

正是从思考这一问题开始，他找到了答案——万有引力理论，也就是说，自然界中任何两个物体都是相互吸引的。这一理论发表在 1687 年的论文《自然哲学的数学原理》。他还用万有引力原理说明潮汐的各种现象，指出潮汐的大小不但同月球的位相有关，而且同太阳的方位也有关。

动量守恒原理

牛顿另外一项重要成就，就是动量守恒原理，这个原理奠定了此后三个世纪里物理学世界的科学观点，并成为了现代工程学的基础。

疯狂的专家说

让我来用气球解释动量守恒的原理吧！

第一定律是说任何一个物体在不受任何外力或受到的力平衡时，总保持匀速直线运动或静止状态，直到有作用在它上面的外力迫使它改变这种状态为止。

< 49 >

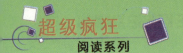

第二定律是说物体的加速度跟物体所受的合外力 F 成正比，跟物体的质量成反比，加速度的方向跟合外力的方向相同。

第三定律是说两物体相互作用时，它们对各自对方的相互作用力总是大小相等而方向相反的。

最后，物体被引力吸引，落在了地上。

牛顿的预言

牛顿的大多数预言都已经成真，比如"地球不是正圆形"。但是下面这个预言看起来会有点难以实现。在 1704 年的一本手稿中，牛顿描述了他试图从《圣经》中提取出科学的资讯，据他估计，世界将在 2060 年前终结。预言中他说：

我提到的这点并没有断言终结的时间，而是为那些频繁预测终结时间的空想者们轻率的臆说画上句号……

考考你：你了解牛顿的墓志铭吗？

真相大白

牛顿逝世以后，他的墓碑上有这样一句话：让人类欢呼 / 曾经存在过这样伟大的 / 一位人类之光。蒲伯说："自然和自然规律隐藏在黑暗中，上帝说，让牛顿来，一切都明亮了。"

<50>

近代科学先驱

疯狂的名人科普馆

迈克尔·法拉第（1791 年 9 月 22 日—1867 年 8 月 25 日），英国物理学家，也精于化学，在电磁学及电化学领域有所贡献。

订书匠偶遇伯乐

法拉第出生在一个十分贫穷的铁匠家庭，他家里实在是太穷了，小法拉第是饥一餐饱一顿地长大的。他后来回忆说，有时候，爸爸妈妈一个星期只给他一个面包吃。穷成这个样子，法拉第当然没上太久的学。他从小就去当听差、报童，13 岁时便到一家书店当了学徒。后来他开始学装订，并且在装订之余看书学习。

考考你： 戴维对法拉第是如何评价的？

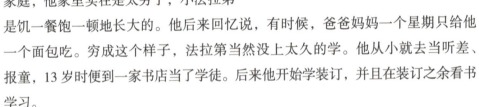

真相大白

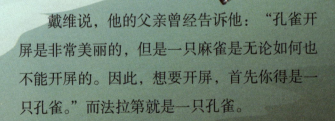

戴维说，他的父亲曾经告诉他："孔雀开屏是非常美丽的，但是一只麻雀是无论如何也不能开屏的。因此，想要开屏，首先你得是一只孔雀。"而法拉第就是一只孔雀。

<52>

1810年，英国皇家学会最负盛名的科学家戴维连续做了四场演讲，讲题是"自然哲学"（也就是我们现在说的科学），这对法拉第来说是个难得的机会，所以他也去听了演讲，并做了完整的笔记。法拉第被戴维深深地震撼，于是写了一封信给他。

To:

尊敬的戴维先生：

　　我是您的追随者迈克尔·法拉第，我认真地听过您关于自然哲学的演讲，受益颇深。我也对自然哲学非常感兴趣，希望您能够推荐我从事相关的工作，我将非常感激您！

　　随信附上我的笔记，希望能够得到您的帮助！

From:　您的追随者 迈克尔·法拉第

法拉第附上的 386 页的笔记，现在仍保存在皇家学院。

看完才知道

与法拉第经历相似的戴维

　　汉弗莱·戴维是著名的化学家，也许大家不知道，其实戴维也是从一个小小的学徒逐渐成长为科学家的，所以他很欣赏法拉第，收到法拉第的信后，他马上给法拉第写信，约他一个月后会面。

<53>

当时最伟大的科学家，怎么肯花时间给一个穷苦的订书匠回信呢？但是戴维却回信了，并安排法拉第做自己的助手和男仆。这期间，法拉第协助戴维制作了"戴维灯"，但他认为这种安全灯并非"绝对安全"，戴维却认为法拉第不尊重他的权威，所以大为恼火，记恨在心。

疯狂的专家说

戴维是当时知名的科学家，他发现了钙、镁、钠、钾等 15 种元素，被后世称为"无机化学之父"，戴维晚年时却说：

我一生最大的发现，是发现了法拉第。

考考你的老师：

什么人都有自己的弱点，你知道法拉第的弱点吗？

你要记住这个才能考倒你的老师！

其实，法拉第的弱点就是他没有经过专业的训练。法拉第是最早提出光也是一种电磁波的人，但由于他数学计算能力不够高，这个观点一直没有得到证明，直到后来他的朋友——麦克斯韦对此观点进行了初步验证。

<54>

从此与电相携相伴

1821 年，法拉第开始研究电流与磁铁的相互作用，最后终于发现马达的原理，现在的马达也都是根据他的研究成果制造出来的。没想到，随着这一发现的公布，各种流言蜚语也随之而来。

< 55 >

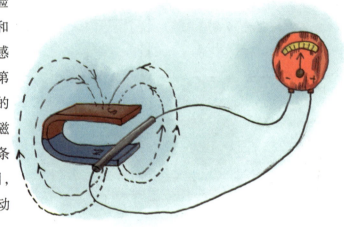

法拉第在一个直径为 6 英寸的铁环的半边，用铜丝绕成线圈，接上电流计；在铁环的另一半也绕了一组线圈，然后接到电源上。"合闸！"法拉第亲眼看到那电流表的指针摆动了。可是，他再定睛一看，那电流表的指针又指向了零，这是为什么呢？法拉第决定断开电源再重新做一次实验。谁知，在断开电源时，指针又摆动了，但是这一次的方向与上次相反。法拉第总想让第二个线圈产生持续的电流，可是实验的结果总是只有合闸和断电的一瞬间才能"感生"出电流来。法拉第想，使电流感生出来的肯定是一个运动着的磁场。于是，他把一块条形磁铁插进空心线圈，电流计上的指针摆动了，磁终于产生电啦。

疯狂的专家说

一块磁铁穿过一个闭合线路时，线路内就会有电流产生，这个效应叫电磁感应。

考考你： 法拉第如何看待枯燥的实验的价值？

真相大白 >>>>>

曾经有一个税务官员问法拉第："你每天都在做那些毫无意义和价值的试验，就算是成功了，又有什么用呢？"法拉第回答说："好吧，不久你就可以收税了。"

根据这个原理，法拉第制作出第一台发电机。这样，就算是停电了，现在的我们还能够通过发电机看电视、看电影、使用冰箱和空调。

如果是你，拥有了这么伟大的发明，你会怎么做呢？

A 卖给厂家来换钱，过上富足的生活！

B 自己开一家公司，这是我的专利！

答案 ⌄

可是，我们都不是法拉第。他放弃金钱的报酬，把这项发明公之于世，为人类开发了一个永不枯竭的金矿。

<57>

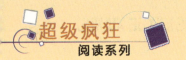
此后，他成功地用一连串实验向世人解释了电的本质，得出与当时主流观点相悖的结论：无论来源是什么，产生的电都是一样的，改变电压和电荷就会产生不同的现象。大家觉得没有什么荣誉能够配得上他的发现，就把他的姓氏"法拉第"作为计算电容量的单位名称。

家庭作业：

你也可以自己制造电，想来试试吗？

记得要在寒冷而干燥的天气，找一个有毛的东西，如果你有的话就用小猫吧！关上灯，在漆黑的屋

你用一块布在我身上擦什么？

子里，用尼龙布摩擦小猫。你就会发现猫的身上开始有小小的光点，还会听见咔嚓咔嚓的声音！这就是静电！

如果你是用气球来摩擦的话，当你松手的时候你会发现，气球会向小猫靠近！这是小猫的魔法吗？

答案在这里！

电是由电子运动产生的，电子总是由多的地方运动到少的地方。在第一个实验里，摩擦使电子从猫毛的表面运动出来，就是电子从多的地方运动到少的地方。第二个实验，则是气球把电子带了出来，电子又把气球拉了回去，这也是电子在运动的表现。

<58>

1844 年，他发现光在磁场中的偏振现象，并称之为"法拉第效应"。他最先提出"光和电波性质相同"的理论。另外，他还有许多的发明：苯、汽量电压计、碳氢化合物的石油精、凝胶化学等。同时，他还系统地阐述了电磁场理论，为现代物理学奠定了基础。

考考你：法拉第的头痛是怎么治好的？

真相大白

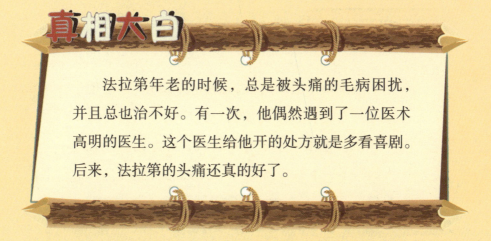

　　法拉第年老的时候，总是被头痛的毛病困扰，并且总也治不好。有一次，他偶然遇到了一位医术高明的医生。这个医生给他开的处方就是多看喜剧。后来，法拉第的头痛还真的好了。

　　这些发明与发现，让人们的毁谤不攻自破，证实了法拉第不愧为当时最伟大的"实验科学家"。1846年，法拉第荣获伦福德奖章和皇家勋章，但他推辞了封爵，并且两次拒绝成为皇家学会会长。

终归于安静

　　1867年8月25日，法拉第坐在椅子上，安静地走完他的一生。这位伟大的科学家，拒绝参与制造化学武器，拒绝用自己的研究成果获取利益，一辈子都

考考你： 法拉第对青少年有什么贡献吗？

真相大白

　　法拉第年老的时候，身体很不好。但是他还是经常举行公开的演讲，为广大群众宣传科学知识。他很注重培养年轻人，并专门为年轻人编写了一本科普读物——《蜡烛的故事》。

在贫穷、误解、无子、丧失记忆的打击中，却活出了快乐、坚强，甚至还不断帮助许许多多的人。法拉第的夫人撒拉在丈夫的丧礼上念出法拉第最后的遗言：

我的一生，是用科学来侍奉我的上帝。

挑战你的思维

你知道法拉第在电磁学和电化学领域做出了哪些重要贡献吗？（　）

A 电磁感应　　　B 抗磁性

C 电解　　　　　D 焦耳定律

答案 ▽

答案：ABC，因为这些都是他的成就，焦耳定律是焦耳的发现，你知道了吗？

阅读这一章，首先要来看一张图：

这就是人类进化的历史，想知道这是谁发现的么？那就继续读吧！

疯狂的名人科普馆

查尔斯·罗伯特·达尔文（1809年2月12日—1882年4月19日），英国生物学家，进化论的奠基人。他发表的《物种起源》，提出了生物进化论学说，打破了神创论和物种不变论。

考考你： 达尔文的外号是什么？

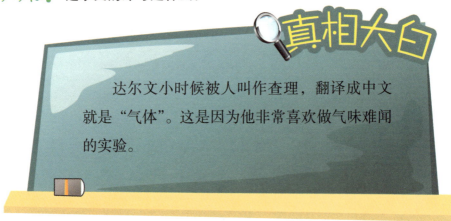

真相大白

达尔文小时候被人叫作查理，翻译成中文就是"气体"。这是因为他非常喜欢做气味难闻的实验。

<62>

疯狂的专家说

现在所知的最早的古猿是 1911 年发现于埃及法雍的原上猿，比原上猿稍晚的是在法雍发现的埃及古猿，更晚一些的则是发现于法国的圣戈当的森林古猿。

继承祖业

达尔文在 1825 年当了一个夏天的见习医生，协助他的父亲为萧布夏郡的穷人看病。当年秋天，他进入了爱丁堡大学学习医学，却慢慢忽略了课业，因为他发现自己对外科手术实在不感兴趣。当然，他不是晕血，这从他对动物标本的剥制技术兴趣盎然就可以得到证明。他是从一位黑人——约翰·爱德蒙斯顿那儿学到的这种技术，这位被解放的黑奴也给他讲述了许多关于南美热带雨林的传说。在后来的《人类起源》一书中，达尔文引用了这些知识，解释欧洲人与黑人之间虽然外表差异很大，实际上却非常亲近。

< 63 >

"游手好闲" 的 "后果"

达尔文还对自然历史产生了浓厚的兴趣，他经常到野外采集动植物标本。这当然被父亲看作是游手好闲、不务正业，一怒之下，父亲把他送到剑桥大学学习神学，希望他至少能成为"尊贵的牧师"，没想到达尔文对神学更是毫无兴趣。

< 64 >

　　可是父亲却无形中帮助了达尔文，因为他在剑桥大学结识了当时著名的植物学家亨斯洛和著名地质学家席基威克，并接受了植物学和地质学研究的科学训练。亨斯洛还推荐他跟随贝格尔号的船长罗伯特·费兹罗伊前往南美洲探险。

　　贝格尔号进行了为期五年（1831—1836 年）的勘探活动，这期间，达尔文将三分之二的时间花在了陆地上。他详细地记录了大量地理现象、化石和生物体，并收集了许多标本，发现了许多新物种。每隔一段时间，他就把这些航行中收集的标本与记录寄回剑桥大学，很快他就成为了一个富有盛誉的博物学家。达尔文这些详尽的勘探记录显现了一个理论开创者的惊人天赋，并成为了他后期作品的理论基础。

考考你： 达尔文为了虫子放弃了女朋友？

真相大白 ▶▶▶ ·······

　　达尔文喜欢收集，尤其喜欢收集甲虫。据说在大学期间，由于他花在虫子上的精力比花在女朋友身上的精力更多，因此失去了当时的女朋友。

< 65 >

达尔文还在船上养了几只鸟，为了喂养这些鸟，又在船舱中种了一种叫草芦的草。船舱很暗，达尔文发现一个神奇的现象,这些草的幼苗全都向能透射进阳光的窗户那边弯曲。

植物向光性

但达尔文当时没有做系统的研究，直到晚年才开始进行一系列实验来研究植物向光性的问题，并把实验结果整理出版。达尔文用草种来做实验，他发现：草的种子发芽时，胚芽外面有一层胚芽鞘，胚芽鞘首先破土而出，这是保护胚芽在出土时不受损伤，而胚芽鞘就是向光性的关键。

黑暗中

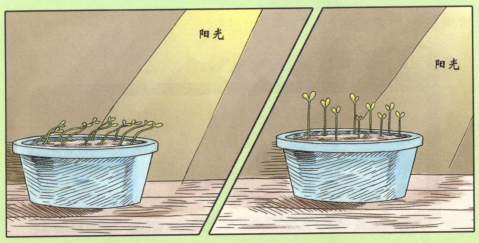

阳光

阳光

<66>

考考你： 你知道达尔文的人品怎样吗？

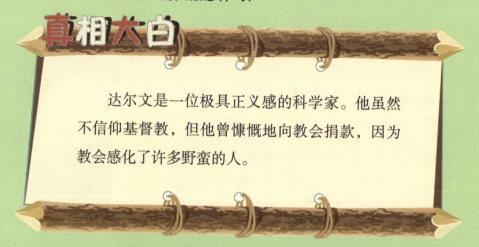

真相大白

达尔文是一位极具正义感的科学家。他虽然不信仰基督教，但他曾慷慨地向教会捐款，因为教会感化了许多野蛮的人。

如果把种子种在黑暗中，它们的胚芽鞘将垂直向上生长；如果让阳光从一侧照射秧苗，胚芽鞘则向光源的方向弯曲；如果把胚芽鞘尖端切掉或用不透明的东西盖住，虽然光还能照射胚芽鞘，胚芽鞘也不再向光弯曲；如果是用透明的东西遮盖胚芽鞘，则胚芽鞘向光弯曲，而且即使用不透光的黑色沙土掩埋胚芽鞘而只留出尖端，被掩埋的胚芽鞘仍然向光弯曲。达尔文推测，在胚芽鞘的尖端分泌一种信号，就好像我们打电话一样，它会告诉下面的茎哪里有阳光，应该向哪里弯曲更好。

家庭作业

看书不仅仅要学会方法哦，一定要亲自动手来试验！你也会变成像达尔文一样的博物学家的！

快去找几颗豆子来，把它们分别像实验里说的那样种出来，观察一下植物是不是真的有这样的向光性！

记得回来把实验结果写下来！

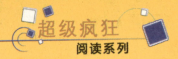
❓考考你的老师：

很多国家都发现过远古人类的化石，中国也有，那中国古人类化石是什么时候发现的呢?

你要记住这个才能考倒你的老师！

1929 年，中国古人类学家裴文中在位于北京房山区的周口店发现了一颗完整的头盖骨，这就是"北京人"头盖骨。"北京人"头盖骨的发现被学术界誉为"古人类研究史中最为动人的发现之一"。

生命的颠覆

这次航海彻底改变了达尔文的生活。当然，不是把他变成了水手，而是让他确认了自己的想法：世界并非在一周内创造出来的，地球的年纪远比《圣经》所讲的老得多，所有的动植物也都改变过，而且还在继续变化之中，而人类可能是由某种原始的动物转变而成的。也就是说，亚当和夏娃的故事根本就是神话。

达尔文！出来和你的猴子兄弟相认吧！

1859 年，《物种起源》一书问世，初版 1 250 册当天即告售罄。此后，达尔文费了 20 年的时间搜集资料，以充实他的物种通过自然选择进化的学说，并阐述其影响和意义。

挑战你的思维

达尔文的《物种起源》和进化论被恩格斯列为 19 世纪自然科学的三大发现之一。这可真是人类历史中的一个划时代的里程碑啊!

你知道达尔文一生曾获得过什么荣誉吗?

A 皇家奖章

B 沃拉斯顿奖章

C 科普利奖章

D 诺贝尔奖

E 普利策奖

答案 ⊽

答案:ABC。诺贝尔奖和普利策奖在达尔文生前还没有出现哦!

考考你: 达尔文是如何评价莎士比亚的作品的呢?

真相大白

在阅读过莎士比亚的作品之后,达尔文的结论是"非常无趣,简直令人作呕"。

< 69 >

给全世界
发奖金的发明家是谁

从来没有人否认，近几百年来，诺贝尔奖代表着这个世界对科学、文学以及和平的最高评价，那么建立这个奖项的人你了解么？

疯狂的名人科普馆

阿尔弗雷德·伯纳德·诺贝尔（1833年10月21日—1896年12月10日），瑞典化学家、工程师、发明家、实业家、军工装备制造商和炸药的发明者。

考考你： 诺贝尔的墓碑什么样？

真相大白

诺贝尔的墓碑是一座高约三米的灰色尖顶石碑，石碑正面刻有"Nobel"几个金字和诺贝尔的生卒年月，两侧是他四位亲人的名字和生卒年。另外，墓碑的周围种植了10棵一人多高的柏树。

<70>

看完才知道

你一定不知道，诺贝尔还是一位剧作家，但是一直到他生命垂危的时候，他唯一的一部剧作才得以付印。可惜的是，他的作品被认为是"诽谤滋事、亵渎神明"，诺贝尔过世后，这些作品就几乎全部被销毁了，仅有三份得以幸存。

年少经历

诺贝尔出生在瑞典的斯德哥尔摩，因为爸爸喜欢研究炸药，所以小诺贝尔也喜欢和爸爸在实验室里做研究，他几乎是在轰隆轰隆的爆炸声中度过了童年。这样的童年十分惊险刺激吧？

1842 年，诺贝尔一家迁往俄国的圣彼得堡居住，爸爸为诺贝尔兄弟俩请来了大学教授做家教。所以，诺贝尔 16 岁就成为很有水平的化学家了。

悲惨的爆炸研究

1862 年夏天，诺贝尔开始了对硝化甘油的研究。他发现少量的硝化甘油在受热或受捶击的情况下才会发生爆炸，否则只会产生燃烧。所以，他决定找出硝化甘油的安全起爆法。

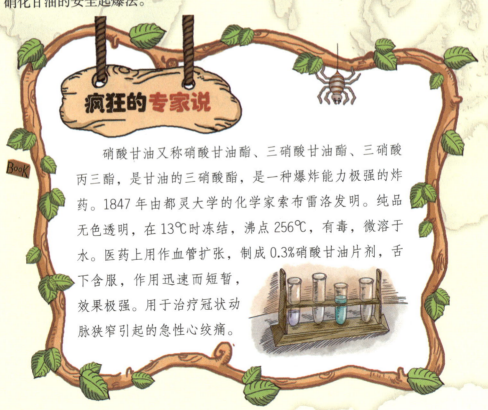

疯狂的专家说

硝酸甘油又称硝酸甘油酯、三硝酸甘油酯、三硝酸丙三酯，是甘油的三硝酸酯，是一种爆炸能力极强的炸药。1847 年由都灵大学的化学家索布雷洛发明。纯品无色透明，在 13℃时冻结，沸点 256℃，有毒，微溶于水。医药上用作血管扩张，制成 0.3%硝酸甘油片剂，舌下含服，作用迅速而短暂，效果极强。用于治疗冠状动脉狭窄引起的急性心绞痛。

<72>

在实验的过程中，诺贝尔的 5 个助手全部牺牲，连最小的弟弟也未能幸免。爆炸事故使诺贝尔的父亲备受打击，没有多久就去世了。邻居们出于恐惧纷纷向政府控告诺贝尔。此后，政府不准诺贝尔在市内进行实验。就连大哥罗伯特也写信劝他：

尽快离开这个讨厌的发明，因为它只能带来更多灾祸。

< 73 >

求租厂房
要求：面积很大，
经得起爆炸的考
验，租金优厚。

难以放弃的研究精神

诺贝尔并没有因此丧失勇气，他此时最大的愿望是：尽快恢复硝化甘油的爆炸实验，让安全炸药进入市场，并且赢得公众对它的信任。1863 年 10 月 14 日，诺贝尔在瑞典获得硝化甘油引爆物的专利，并想立即建厂投产。

然而，诺贝尔在当时租不到厂房，所以他只好找到一艘船，建立了"船上化工厂"，这也是世界上第一座硝化甘油工厂。

<74>

雷管的诞生

为了将一定份量的硝化甘油引爆，他制作了栓紧密封的黑色火药管，放于硝化甘油之中，借助火药管的爆炸引发硝化甘油更强烈的爆炸。这种能使火药完全爆发的装置便是"雷管"。

固化硝化甘油

由于硝化甘油不耐摇晃撞击、对温度变化敏感的特性，这让搬运、储存成为一个令人头痛的大问题，因此诺贝尔下决心解决这个难题，他认为最好的方法是把硝化甘油变成固体。为此，诺贝尔试验了许多材料：

纸　木屑　干土　石膏　煤块　黏土

考考你： 诺贝尔有自传吗？

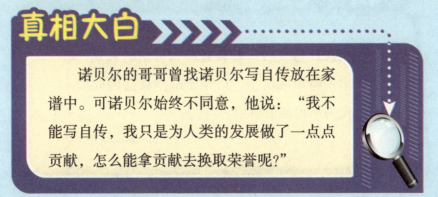

真相大白 ▶▶▶

诺贝尔的哥哥曾找诺贝尔写自传放在家谱中。可诺贝尔始终不同意，他说："我不能写自传，我只是为人类的发展做了一点点贡献，怎么能拿贡献去换取荣誉呢？"

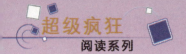

最后他选择利用矽藻土来混合硝化甘油，因为它可以吸收比本身多 3 倍的硝化甘油，成为像黏土一样软硬适中的块状物体，从高处投落、制成小粒放在铁板上敲击都不会爆炸。诺贝尔叫它"Dynamite"（中译名为"黄色炸药"或"矽藻土炸药"）。而后，在安全炸药研制成功的基础上，诺贝尔又成功研制了胶质炸药和烟火药，从而构建出诺贝尔的炸药王国。

锦上添花

这是你想象不到的诺贝尔的工业帝国：

1865 年，诺贝尔在德国汉堡开设了德国的诺贝尔公司。1873 年至 1891 年，法国诺贝尔公司所属工厂共 7 家；英国诺贝尔公司所属工厂达到 8 家。到 19 世纪 70 年代，诺贝尔委托大哥在芬兰和俄国开办了化工厂，还投资诺贝尔兄弟石油公司。1886-1896 年，诺贝尔跨国公司已遍及 21 个国家，拥有 90 余座工厂。

考考你：你能说出一句诺贝尔的名言吗？

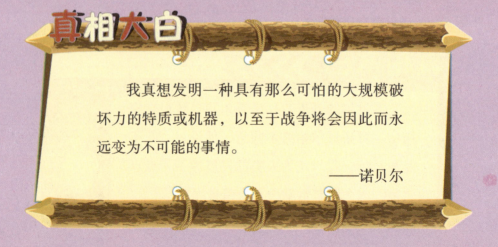

真相大白

我真想发明一种具有那么可怕的大规模破坏力的特质或机器，以至于战争将会因此而永远变为不可能的事情。

——诺贝尔

考考你的老师：

问问你的老师，除了我们熟悉的研制新型炸药之外，诺贝尔还有什么其他的发明？

你要记住这个才能考倒你的老师！

诺贝尔毕生共取得全球超过 350 项的发明专利，除了炸药，对于使用硝化甘油的导火线、无声枪炮、金属的硬化处理、子弹的安定、救助海难用火箭等都有理论与实际的成就；他在人造橡胶、人造皮革、人造宝石等方面的实验研究虽然没有直接的成果，但因有他的研究成果作为基础，后来的人们才得以顺利研发。

挑战你的思维

你知道现在的诺贝尔奖都颁发给哪些领域的人吗？（　　）

A 化学　　　　　D 文学

B 物理　　　　　E 和平

C 生理学或医学　F 经济

答案 ▼

答案：ABCDEF，发展至今，诺贝尔奖已经是世界上最著名的奖项了哦！

<77>

永不消逝的伟人

1896 年 12 月 10 日，诺贝尔在意大利逝世，被安葬在斯德哥尔摩的北墓园。诺贝尔终生主张和平主义，所以他对自己改良的炸药被用作破坏及战争始终感到痛心。在弥留之际，诺贝尔立下了遗嘱：

遗　嘱

请将我的财产变作基金，每年用这个基金的利息作为奖金，奖励那些在前一年为人类做出卓越贡献的人。

把奖金分为 5 份：

奖给在物理方面有最重要发现或发明的人；

奖给在化学方面有最重要发现或新改进的人；

奖给在生理学或医学方面有最重要发现的人；

奖给在文学方面表现出了理想主义的倾向并有最优秀作品的人；

奖给为国与国之间的友好、废除使用武力做出贡献的人。

考考你： 你知道诺贝尔的诗人梦吗？

真相大白

诺贝尔在少年时代深受英国诗人雪莱的影响，想成为一个诗人。尽管成年后的诺贝尔的空闲时间很少，但他依旧没有放弃对文学的爱好。可以说，文学与科学是诺贝尔生命中的两大精神支柱。

<78>

获得诺贝尔奖的华人及华裔有：

李政道：1926 年生于上海，美籍华人，1957 年因"发现宇称原理的
　　　　破坏"而被授予诺贝尔物理学奖；

杨振宁：1922 年生于安徽，美籍华人，1957 年因"发现宇称原理的
　　　　破坏"而被授予诺贝尔物理学奖；

丁肇中：1936 年生于美国，美籍华人，1976 年因"发现一类新的基
　　　　本粒子"而获得诺贝尔物理学奖；

李远哲：1936 年生于台湾，美籍华人，1986 年因"发明了交叉分子
　　　　束方法，使详细了解化学反应的过程成为可能，为研究化学
　　　　新领域——反应动力学做出贡献"而获得诺贝尔化学奖；

朱棣文：1948 年生于美国，美籍华人，1997 年因"发明了用激光冷
　　　　却和俘获原子的方法"荣获诺贝尔物理学奖；

崔　琦：1939 年生于河南，美籍华人，1998 年获诺贝尔物理学奖；

莫　言：1955 年生于山东，中国国籍，2012 年获得诺贝尔文学奖。

是谁发现了化学元素周期表

现在背圆周率已经不是什么稀奇的事情了，可是你能够背出化学元素周期表吗？

为了这张图表，科学家门捷列夫艰辛付出了 20 年的时间。

疯狂的名人科普馆

德米特里·门捷列夫（1834 年 2 月 7 日—1907 年 2 月 2 日），19 世纪俄国化学家，他发现了元素周期律，并就此发表了世界上第一份元素周期表。

<80>

看完才知道

　　你知道为什么门捷列夫发现元素周期但从未获得诺贝尔奖吗？这是因为阿累尼乌斯提出电离理论时遭到以门捷列夫为首的众多科学家的反对，他因此对门捷列夫怀恨在心，1905 年与 1906 年两次阻碍门捷列夫获诺贝尔奖。

< 81 >

全面发展的天才

门捷列夫小时候家境很不好，14岁的时候，父亲因病逝世，没想到祸不单行，一场大火又吞没了他家中的所有财产。可是，门捷列夫从没有放弃过学习，1850年，他依靠微薄的助学金开始了艰难的大学生活，后来成为了彼得堡大学的教授。

那个时候，各个国家的化学家们都在暗中较劲，想要成为第一个发现已知的几十种元素的内在联系和规律的人。可是这些化学元素们就好像说好了一样，一点面子也不给，一个个都特立独行。直到1857年，发现这些元素之间的规律的人才终于走到了化学王国的前台。

化学元素们似乎很喜欢这个身材魁梧、富有艺术气息的家伙，他留着一头长发，还有着碧蓝的眼珠、挺直的鼻子、宽广的前额——他就是门捷列夫。

<82>

如果不搞化学的话，门捷列夫很有可能成为一个服装设计师。他所设计的衣服不需要什么特别的商标，因为它们都有一个独特的标志，那就是衣服口袋都特别大，你知道为什么吗？

考考你： 你知道门捷列夫的葬礼是怎样举行的吗？

真相大白

门捷列夫的送葬队伍中既没有花圈，也没有遗像，而是由十几个青年学生扛着一块大木牌，上面的方格中写着"C"、"O"、"Fe"、"Zn"、"P"、"S"等元素符号。

< 83 >

因为这个兜是用来装笔记本的。这个每天沉浸在化学世界里的人，实在需要一个随身的本子来记录他不时冒出来的古怪的想法。当然也没有时间来回答你的问题喽！

二缺一，打扑克来不来？

告诉你吧，他摆弄的才不是普通的纸牌，那些纸牌上所写的都是当时人们已知的几十种化学元素的相关信息，他所要做的就是找出这些原子量之间的内在联系。

经过一段时间的研究观察，门捷列夫终于发现这些元素的原子量的计算根本就是有偏差的，通过这样的错误数据怎么可能得到正确的结论呢？于是，门捷列夫决定，亲自去勘测这些元素的原子量。得到了准确的数据后，门捷列夫天天不梳头不洗脸地摆弄着自己的纸牌。终于有一天，他在随意地排列这些纸牌的时候，发现了一个秘密：每一行元素的性质都是按照原子量的增大而从上到下地变化着。

考考你：你知道"八音律"是怎么回事吗？

真相大白 ▶▶▶

门捷列夫把当时已发现的六十多种元素按其原子量和性质排列成一张表，结果发现，从任何一种元素算起，每数到第 8 个就和第一个元素的性质相近，他把这个规律称为"八音律"。

<84>

疯狂的专家说

元素原子核外电子排布的规律是元素周期表划分的主要依据，是元素性质周期性变化的根本所在。在周期表中，元素是以元素的原子序排列的，最小的排行最先。表中一横行称为一个周期，一列称为一个族。

可是当门捷列夫兴奋地将这一发现告诉给他的家人的时候：

元素的性质和原子量呈周期性的变化有关系！

你说男人到底应该带哪种假发才比较好看呢？

<85>

超级疯狂
阅读系列

考考你：你能说出几句门捷列夫的名言吗？

真相大白

生活便是寻求新知识。

一个人要发现卓有成效的真理，需要千百个人在失败的探索和悲惨的错误中毁掉自己的生命。

无人理睬的门捷列夫只好自己躲在角落里制定出第一张有规律的化学元素周期表，他把当时发现的 63 种化学元素排到了应该属于它们的位置上。随后，这份化学元素周期表被公之于众，当时整个化学界为之震动。当时的周期表上还有不少空位，是为那些未发现的化学元素而准备的，在日后的研究中，人们也无数次证明了门捷列夫的正确和先见。

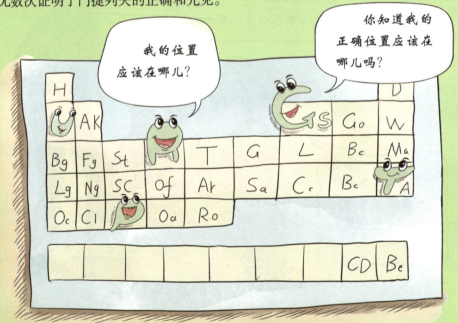

<86>

在此之后，化学元素之间再也不是杂乱无章地排列了，现代化学事业也由此开始了。

挑战你的思维

门捷列夫为人类社会留下了众多宝贵的财富，通过了解门捷列夫的一生，你能答出下面的几道题吗？

1. 19 世纪中叶，门捷列夫的突出贡献是什么？（　）

A 提出原子学说

B 发现元素周期律

C 提出分子学说

D 发现氧气

2. 门捷列夫的元素周期表是按什么变化排列的？（　）

A 原子序数的递增

B 相对原子质量的递增

C 核外电子排布

D 质子数的递增

答案

1. B。

2. C，这些答案你都选对了吗？

为什么说
爱迪生是发明大王

1931 年 10 月 21 日 6 点 59 分，美国好莱坞和丹佛熄灯；7 点 59 分美国东部地区停电一分钟；8 点 59 分，芝加哥的有轨电车及高架地铁停止运行；纽约自由女神手中的火炬于 9 点 59 分熄灭。在这一分钟里，美国仿佛又回到了煤油灯和煤气灯的时代。你知道美国为什么要这么做吗？其实这是为了纪念发明大王爱迪生的丰功伟绩。

<88>

疯狂的名人科普馆

托马斯·阿尔瓦·爱迪生（1847—1931年），美国发明家、企业家，一生拥有两千余项发明，包括留声机、电影摄影机、钨丝灯泡等。迄今为止，世界上还没有人能打破爱迪生创造的发明专利数量的世界纪录呢！他也被人们誉为"门洛帕克的奇才"。

考考你： 爱迪生连睡觉都在吸收书里的营养，这是真的吗？

真相大白

爱迪生经常因为实验几天不睡觉，累了就枕着书在实验室桌上打个盹。有时朋友开玩笑地说："怪不得爱迪生懂那么多，原来他睡觉都在吸收书里的营养。"

<89>

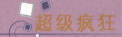

年少经历

8岁的时候，小爱迪生上小学了，可是他只上了三个月的课就退学了，因为小爱迪生常常提出一些老师认为很奇怪的问题，老师认为他是一个低能儿童。

于是，妈妈决定自己来教爱迪生。妈妈发现爱迪生特别喜欢做实验，就给他在地下室里设置了一个实验室。

<90>

12 岁的时候，爱迪生突然对父母说：

看完才知道

爱迪生在火车上当了几个月的报童，而后他在底特律开了两家店，其中一家是卖杂志的，另一家卖蔬菜、水果、奶油等，他还雇用了两个少年帮忙看店，并约定和他们分享红利，不久车站增加了一班车，爱迪生便让一位报童随车贩卖，就这样，一个 12 岁的报童在不经意之间就成了一个少年资本家。

<91>

虽然父母不同意，但还是经受不住爱迪生再三请求。于是，他在从休轮港到底特律的火车上当起了报童。

小试牛刀

1862 年 8 月，爱迪生从火车轨道上救了一个男孩。孩子的父亲对他感激不尽，但由于无钱可以酬报，便决定无偿教他电报技术。从此，爱迪生踏上了科学的征途。

爱迪生
真准时啊！

当时的铁路局规定，晚上 9 时以后，为避免工作人员偷懒睡觉，报务员需每一小时发一次讯号给车务中心。于是，爱迪生制作了一台自动定时的发报机，因此他成为全局最准时的发报员。

<92>

但是，在一次查勤时，车务主任发现了正在睡觉的爱迪生和坚持工作的机器，虽然主任很欣赏他的天分，但是他们需要的不是一个发明家，所以爱迪生被炒鱿鱼了！

出乎意料的发明价码

1869 年 10 月，爱迪生与波普一起成立"波普·爱迪生公司"，专门经营电气工程的科学仪器。在这里，他发明了"爱迪生普用印刷机"。他想把印刷机卖给华尔街的一家大公司，本想要价 5 000 美元，但没有勇气说出口。结果，公司经理居然报价 4 万美元。

爱迪生用这笔钱在新泽西州纽瓦克市的沃德街建了一座工厂，专门制造各种电气机械，还发明了蜡纸、油印机和二重、四重电报机。

这是一台会说话的机器。

玛丽有只小羊羔，雪球儿似的一身毛……

1877年8月15日，爱迪生让助手克瑞西按图样制出一台由大圆筒、曲柄、受话机和膜板组成的"会说话的怪机器"。

<94>

玛丽有只小羊羔，雪球儿似的一身毛……

　　"会说话的机器"的诞生轰动了全世界。1877年12月，爱迪生公开表演了留声机，媒体将其誉为"科学界之拿破仑·波拿巴"，这也是世界上最早的录音装置，这更是19世纪最引人振奋的三大发明之一。

考考你： 爱迪生为何会忘记自己的名字?

真相大白

　　一次，爱迪生在税务局排队时还想着研究的事，连工作人员叫他都没有听到。一个熟人对他说："托马斯·爱迪生不是你吗?""我好像听过这个名字。啊！这还真是我的名字。"

虽然我们现在只能从电影里看见留声机，但是我们仍要知道它的原理：声音能够使空气发生震动，所以说话声音的快慢高低能够使短针产生相应的不同颤动，同样，这种颤动也一定能发出原先的说话声音。爱迪生就是根据这个原理发明的留声机。

人类光明的诞生

1879 年 10 月 22 日，爱迪生点燃了第一盏真正有广泛实用价值的电灯。为了延长灯丝的寿命，他又重新试验，每天工作十八九个小时，试用了 6 000 多种纤维材料，才找到了新的发光体——日本竹丝，可持续一千多小时，直到 1908 年发明了钨制灯丝后，它才被代替。

"你知道电影摄像机是谁发明的吗?"

A 乔治·伊斯曼　　　C 爱因斯坦

B 华特·迪士尼　　　D 爱迪生

答案

D。没错！你答对了！就是爱迪生。

爱迪生使用一条乔治·伊斯曼新发明的赛璐珞胶片，拍下一系列照片，将它们迅速地、连续地放映到幕布上，产生出运动的幻觉。他第一次在实验室里试验电影是在 1889 年，并于 1891 年申请了专利。1903 年，他的公司摄制了第一部故事片《列车抢劫》。

要记住，现在很多使我们生活更加舒适的产品都是由无数像爱迪生这样伟大的发明家创造的，纪念并且常怀感恩，这就是对他们最高的赞誉！

考考你： 爱迪生死前有什么遗言？

真相大白 >>>>

据记载，爱迪生去世的时候，医生正准备要宣布他死亡的消息，他却突然坐了起来，说道："真是想不到——那边竟是如此美丽……"讲完之后，他倒在床上，溘然长逝。

< 97 >

谁开创了精神分析学

如果让你立刻说出一个心理学家的名字，你很可能脱口而出——弗洛伊德！没错，还曾有人把弗洛伊德和爱因斯坦并称为"20世纪改变人类思维方式的两个犹太人"，可见弗洛伊德的影响力之大。

疯狂的名人科普馆

弗洛伊德·西格蒙德(1856年5月6日—1939年9月23日)奥地利犹太人，精神分析学家、著名的心理学家，精神分析学的创始人。著有《梦的解析》《精神分析引论》等。

弗洛伊德医生

1856年的5月，弗洛伊德出生在奥地利的一个羊毛商人家庭。4年后，弗洛伊德一家搬到了维也纳。在这里，这个犹太血统的小孩度过了他生命的绝大部分时间，也就在这一片小小的地方冲击整个人类对于心灵的认识。

弗洛伊德从小很受重视，他的学习永远排在第一位。在这种备受宠爱的环境下，他凭借着自己的聪明才智迅速完成普通学业，并表现优异。由于他的兴趣过于

< 98 >

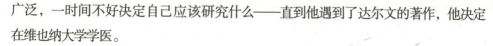

广泛，一时间不好决定自己应该研究什么——直到他遇到了达尔文的著作，他决定在维也纳大学学医。

后来，弗洛伊德做了两年的神经病理学讲师，主要研究脑髓，还顺便发现了可卡因的麻醉作用。这之后，他争取到了前往法国巴黎学习的机会，成为了当时最权威的神经病学专家沙考特的学生。

> ……
>
> 和沙考特在一起给我印象最深的，是他对歇斯底里症的最新研究，尤其是有一部分是我亲眼看到的。比方说，他证明了歇斯底里症现象的真实性及其合理性。他指出了歇斯底里症也常常发生在男人身上，并且以催眠暗示等方法引发歇斯底里性的麻痹和强直收缩，从而证明这种人为的歇斯底里症和自发性的症状发作，没有任何细节上的差异。
>
> ……
>
> ——弗洛伊德《自传》

< 99 >

老天！亲爱的弗洛伊德先生，你怎么会讲这些无聊的话呢？Hysteron 的意思是子宫，一个大男人怎么会 Hysterical（患歇斯底里症）呢？

而在巴黎归来后的弗洛伊德将这一研究报告给医学会的其他医生时，却遭到了嘲笑。

因为，"歇斯底里"（Hysteria）一词的词根"Hesteron"就是子宫，歇斯底里症通常被认为是只有女人才得的病。"歇斯底里症"这个名称本身就是医学史上耻辱的痕迹。

<100>

考考你： 抽烟与心理学有何关系？

真相大白

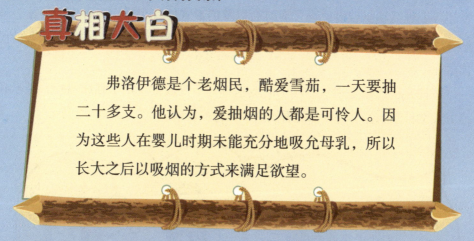

弗洛伊德是个老烟民，酷爱雪茄，一天要抽二十多支。他认为，爱抽烟的人都是可怜人。因为这些人在婴儿时期未能充分地吸允母乳，所以长大之后以吸烟的方式来满足欲望。

精神分析的建立

虽然不被理解，但是弗洛伊德并没有就此放弃对精神分析的研究。一次，在治疗一位女患者的时候，弗洛伊德第一次使用了催眠术。这是精神病治疗中的一次突破，也是弗洛伊德转向精神分析研究的重要关键。

正是通过催眠，弗洛伊德发现人不仅仅是表面上看起来的那样，还隐藏着另一种潜意识。后来，他发掘并分析这种潜意识，建立起精神分析学的体系。

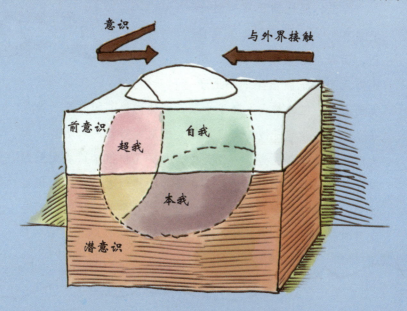

<101>

但潜意识并不是传说中的人格分裂。这只是人们无法被觉察的思想、观念、欲望等心理活动。"潜意识"有时会以梦的形式体现出来。这种内心秘密，如同一座冰山，大部分沉浸在无意识的海洋中，小部分"漂浮"在"意识"的层面上。

精神分析理论是现代心理学的奠基石，不仅仅被应用于临床治疗，甚至在西方人文科学的各个领域都能看到这种理论的影响。

看完才知道

弗洛伊德最先提出了恋父情结和恋母情结，也就是说孩子在成长的过程中会最先亲近异性的家长，也就是说小男孩会更喜欢妈妈，小女孩则会更喜欢爸爸。

传说，底比斯王曾听过一个预言：他的儿子将会杀死自己，而与母亲结婚。于是，底比斯王下令把新出生的小王子丢到山上。但牧羊人发现了小孩，把他送给邻国的国王当儿子。这个婴儿就是俄狄浦斯，但是他对此事却一无所知。长大后的俄狄浦斯成为了一位英雄，并娶了伊俄卡斯忒女王为妻。后来，他才知道自己多年前杀掉的旅行者是自己的亲生父亲，而现在的妻子则是自己的母亲。羞怒的俄狄浦斯王弄瞎了自己的双眼，离开底比斯开始流浪。

<102>

这就是俄狄浦斯情结，也就是恋母情结的原型。

考考你： 弗洛伊德的家人继承了他的学说的吗？

真相大白

弗洛伊德的女儿安娜·弗洛伊德也是一位著名的心理学家，不过她擅长的是对儿童心理学和发展心理学的研究。

< 103 >

?考考你的老师：

刚才你已经看过恋母情结的故事了，那你能说一个恋父情结的故事吗？

你要记住这个才能考倒你的老师！

恋父情结也叫作"厄勒克特拉情结""爱烈屈拉情结""依莱特接情结"，指女孩亲父反母的复合情绪。

在古希腊神话中，厄勒克特拉是特洛伊战争中的希腊联军统帅阿伽门农的次女。在阿伽门农回到自己的国家后，他的妻子克吕泰涅斯特拉伙同情夫埃癸斯托斯将其杀害，又企图杀死其子俄瑞斯忒斯以绝后患。后来，厄勒克特拉救出了俄瑞斯忒斯，并带他逃到姨夫福喀斯国王斯特罗菲俄斯那里。8年之后，厄勒克特拉跟随已经成年的俄瑞斯忒斯返回迈锡尼，帮助俄瑞斯忒斯杀死母亲，为父亲报了仇。后来俄瑞斯忒斯继承王位，厄勒克特拉则嫁给了俄瑞斯忒斯的朋友、福喀斯王子皮拉得斯（阿伽门农的外甥）。

这一故事便是恋父情结的原型。弗洛伊德认为小女孩对父亲的深情专注，潜意识中有一种取代母亲位置的愿望。

考考你： 弗洛伊德的书是怎么整理出来的？

弗洛伊德曾给弗利斯写了无数的信，向他分析自己的梦。后来，这些信被学生波拿帕公主买下，弗洛伊德想拿回去，但波拿帕公主没有同意，并在后来将这些信件整理出书。

<104>

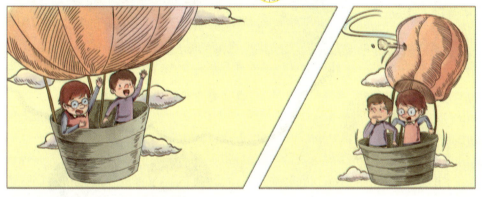

疯狂的名人科普馆

　　莱特兄弟是两个人，指的是奥维尔·莱特（1871年8月19日—1948年1月30日）和威尔伯·莱特（1867年4月16日—1912年5月30日）。他们发明了世界上第一架实用飞机，1903年12月17日首次完成完全受控制、附机载外部动力、机体比空气重、持续滞空不落地的飞行。

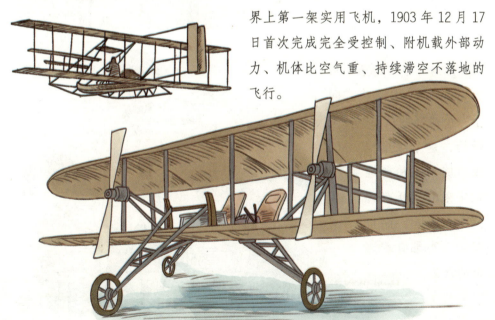

<105>

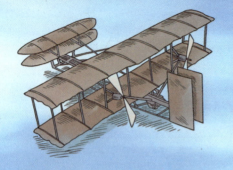

飞行的愿望

　　莱特兄弟是美国俄亥俄州人，父亲是一个木匠，母亲是一位音乐教师。他们从小就对机械装配和飞行有着浓厚的兴趣，父亲米尔顿·莱特常鼓励他们的这种爱好，从不指责他们把身上仅有的一点儿零用钱花在买工具、材料上。

鸟才能飞呢！它怎么也会飞！

这是飞螺旋，能在空中飞！

　　1878年的圣诞节，莱特兄弟的爸爸给他们带回了一个怪怪的玩具——飞螺旋，这个玩具不仅对威尔伯和奥维尔未来的生活有着巨大的影响，而且对全人类都有着深远的意义。

<106>

考考你： 你能说出一些关于莱特兄弟的事迹吗？

真相大白 ▶▶▶▶

> 有一次，一位记者好不容易找到了兄弟二人，要给他们拍照，弟弟奥维尔·莱特谢绝了记者的要求，他说："为什么要让那么多人知道我俩的相貌呢？"

　　兄弟俩正是因为这个怪玩具才相信，除了鸟和蝴蝶之外，人工制造的东西也可以飞上天。于是，兄弟俩三下两下就把飞螺旋拆开了，想看看它为什么能飞上天去。从此，他们决定将来一定要制造出一种能飞上蓝天的东西。

　　通过多次研究和实验，他们得出一个结论：要解决飞机操纵这个悬而未决的关键问题，必须装上某种能使空气动力学发挥作用的机械装置。按照这一想法，他们对载人滑翔机进行了几年的试验之后，梦想终于变成了现实。

终于能飞了！

"飞行者"系列的诞生

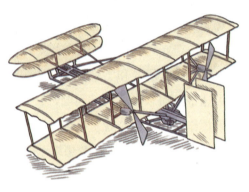

1903年，第一架飞机诞生了，莱特兄弟给它起名字叫作"飞行者1号"，这架飞机的翼展为13.2米，升降舵在前，方向舵在后，两副两叶推进螺旋桨由链条传动，着陆装置为滑橇式，装有一台70千克重、功率为8.8千瓦的四缸发动机。

考考你： 莱特兄弟是如何面对成功的？

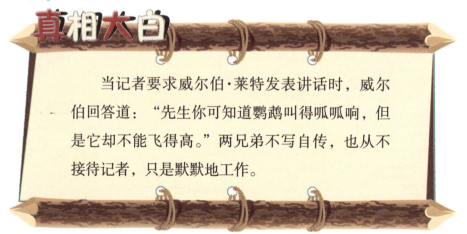

真相大白

当记者要求威尔伯·莱特发表讲话时，威尔伯回答道："先生你可知道鹦鹉叫得呱呱响，但是它却不能飞得高。"两兄弟不写自传，也从不接待记者，只是默默地工作。

<108>

12 月 17 日，莱特兄弟决定驾驶"飞行者 1 号"进行试飞。"飞行者 1 号"最好的飞行纪录是 260 米，滞空 59 秒。虽然连一分钟都不到，但是这是人类飞行史上最大的进步。这架航空史上著名的飞机，现在陈列在美国华盛顿航空航天博物馆内。

试飞成功后，他们将这个消息通知了报社，可是报社的主编却说：

什么？你在开玩笑吗？你以为你制造出了阿拉伯飞毯吗？

< 109 >

　　莱特兄弟没有理会这些嘲笑，1905 年，他们又试验了 "飞行者 3 号"，还是由威尔伯驾驶，持续飞行了 38 分钟，飞行 38.6 千米。随后，他们申请了专利。

　　莱特兄弟的成功，最初并没有得到美国政府和公众的重视与承认，反而是法国最先支持他们，从此掀起了席卷世界的航空热潮。

　　人类触摸天空的时代到来了！
　　美国人威尔伯·莱特和奥维尔·莱特发明了飞机 "飞行者 1 号"，并成功进行了试飞实验！这是人类飞行历史的里程碑！我们终于实现了飞翔的梦想！

挑战你的思维

你知道世界上第一架飞机叫什么名字吗？（　）

　　　A 飞行者 1 号
　　　B 飞行者 2 号
　　　C 飞行者 3 号

答案

　　　答案：当然是 A 了。

<110>

看完才知道

　　莱特兄弟奖章是美国自动工程师协会航空工程分会设立的，授予航空工程领域最佳论文的作者，目的是为了纪念莱特兄弟的巨大贡献。

考考你： 奥维尔·莱特对待荣誉是什么态度？

真相大白

　　有一次奥维尔·莱特从口袋里取手帕时带出一段红丝带，姐姐看见就问他是什么东西，他毫不在意地说："哦，这是法国政府下午颁发的荣誉奖。"

<111>

疯狂的名人科普馆

玛丽·斯克沃多夫斯卡·居里（1867 年 11 月 7 日—1934 年 7 月 4 日），波兰裔法国籍女物理学家、放射化学家，1903 年和丈夫皮埃尔·居里及亨利·贝克勒尔共同获得了诺贝尔物理学奖，1911 年又因放射化学方面的成就获得诺贝尔化学奖。

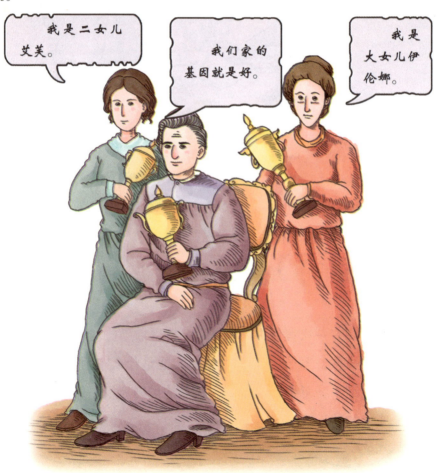

<112>

艰难的求学之路

　　玛丽出生在波兰的华沙，可因为她是女孩，所以不能在俄罗斯或波兰的任何大学继续进修，只好去做家庭教师。

　　最终，在姐姐的经济支持下，她移居巴黎，并在索邦大学（巴黎大学的旧名）学习数学和物理学，并取得两个硕士学位。

考考你： 诺贝尔奖的基因会遗传吗？

真相大白

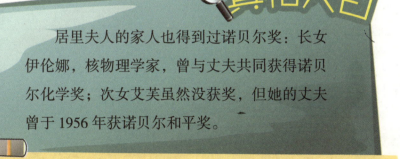

　　居里夫人的家人也得到过诺贝尔奖：长女伊伦娜，核物理学家，曾与丈夫共同获得诺贝尔化学奖；次女艾芙虽然没获奖，但她的丈夫曾于1956年获诺贝尔和平奖。

< 113 >

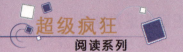
看完才知道

　　索邦大学成立于13世纪，由当时法国国王圣路易身旁之神父罗伯德·索邦所创。在12世纪时，索邦大学位于巴黎塞纳河上的西堤岛，主要针对当时来自法兰西、皮卡第、诺曼底与英格兰四个国家的年轻人教授神学、法律、医学及艺术四个领域的知识。后于1257年在圣杰内芙耶芙山丘上成立索邦学院，因其在当时众多学院中最具知名度，规模扩大之后便以索邦大学为名。

　　现今索邦大学主要包含四所大学、二所学院及三个单位。

　　大学：巴黎第一大学、巴黎第三大学、巴黎第四大学、巴黎第五大学

　　学院：高等研究应用学院、国立文献学院

　　单位：索邦大学图书馆、大学公署、巴黎学区区长办公室

<114>

居里夫妇的第一次发现

索邦大学不仅给了玛丽完成心愿的
机会，也带给她最美好的爱情。皮埃尔·
居里夫妇两人经常在一起进行放射性物
质的研究。1898 年 7 月，他们寻找到一
种新元素，它的化学性质与铅相似，放
射性比铀强 400 倍。皮埃尔请玛丽给这
一新元素命名，她安静地想了一会儿，

回答说："我们叫它为钋吧!"这是玛丽在纪念她念念不忘的祖国，那个在当时
的世界地图上已被俄罗斯、普鲁士、奥地利瓜分掉的国家——波兰。

艰难的科学档案：

　　钋是一种银白色金属，能在黑暗中发光，是目前已知最稀
有的元素之一，在地壳中含量约为一百万亿分之一。天然的钋
存在于所有铀矿石和钍矿石中，但由于含量过于微小，主要通
过人工合成方式取得。

考考你： 为什么人们说居里夫人"像一个匆忙的贫穷妇人"?

真相大白 ▶▶▶▶

　　从 1913 年起，居里夫人的年薪已增至 4
万法郎，但她照样"吝啬"。她每次从国外回
来，总要带回一些宴会上的菜单，因为这些菜
单都是很厚、很好的纸，在背面写字很方便。

<115>

考考你: 你知道居里夫人是怎么学习的吗?

真相大白

居里夫人小的时候,读书特别专心。无论周围环境怎么吵闹,她都不会分心。有一次,姐妹们想试探她一下,就在她身后搭了几个凳子,可是凳子一直都没掉下来,因为她一直在看书。

5个月后,他们又通过提炼,得到少量的不很纯净的白色粉末。这种白色粉末在黑暗中闪烁着白光,居里夫妇把它命名为镭,它的拉丁语原意是"放射"。

艰难的科学档案:

镭是一种具有很强的放射性的元素,并能不断放出大量的热。镭放出的射线能破坏、杀死细胞和细菌。因此,常用来治疗癌症。镭还是制作原子弹的材料之一。

科学界的不安

钋和镭的发现本来是件好事,却给科学界带来极大的不安。

要等研究得到进一步成果,才能表示意见。

测不出原子量,就无法表示镭的存在。把镭指给我们看,我们才相信它的存在。

疯狂的专家说

镭是一种金属元素，符号为 Ra，固体呈银白色并有光泽，存在于多种矿石及矿泉中，含量极为稀少。镭盐与铍粉的混合制剂，可用来探测石油资源、岩石组成等。

对于当时破旧的实验设备，又没有足够实验费用的居里夫妇来说，要提炼出纯的钋和镭，根本就是不可能完成的任务。但他们从没放弃，他们从奥地利得到 7 吨铀矿残渣，又从学校借到一个"冬冷夏暖的"的破漏棚屋，这样一做就是 4 年。终于从 7 吨沥青铀矿的炼渣中提炼出 0.1 克的纯净的氯化镭，并测得镭的原子量为 225。那些质疑的科学家们不得不在事实面前低下头。

因此，居里夫妇获得了 1903 年的诺贝尔物理学奖，居里夫人也因此成为了历史上第一个获得诺贝尔奖的女性。1911 年，居里夫人又因为成功分离了镭元素而获得诺贝尔化学奖。

考考你的老师：

你知道 2012 年的诺贝尔化学奖的得主是谁吗？

你要记住这个才能考倒你的老师！

北京时间 2012 年 10 月 10 日 17 时 45 分，瑞典皇家科学院诺贝尔奖评审委员会宣布，两位美国科学家罗伯特·莱夫科维茨和布莱恩·克比尔卡因"G 蛋白偶联受体研究"获得 2012 年诺贝尔化学奖。

<117>

成功的女人也不容易

伴随着荣誉而来的是繁忙的社交活动和频繁的记者采访。为此，居里夫妇不得不像逃难者一样，躲到偏避的乡村去。当一个美国记者循着蛛丝马迹找到他们后，居里夫人告诉他：

很多人还要买下镭的使用权，居里夫妇商议后做出决定：

声 明

不想由于我们的发现而取得物质上的利益，因此我们不去领取专利执照，并且将毫无保留地发表我们的研究成果，包括制取镭的技术。若有人对镭感兴趣而向我们请求指导，我们将详细地给以介绍。这样做，对于制镭业的发展将有很大好处，它可以在法国和其他国家自由地发展，并以其产品供给需要镭的学者和医生应用。

玛丽·居里 & 皮埃尔·居里

<118>

考考你： 居里夫人是怎么教育女儿的?

真相大白

居里夫人有两个女儿。"把握智力发展的年龄优势"是居里夫人开发孩子智力的重要"诀窍"。从孩童时期开始，居里夫人就不断地开发女儿的各项潜力。

可是，幸福总是与居里夫人擦肩而过，就在他们夫妇沉浸在对生活和事业的美好憧憬时，不幸发生了。1906 年 4 月 19 日，皮埃尔在参加了一次科学家聚会后，步行回家横穿马路时，被辆奔驰的载货马车撞倒，当场失去了宝贵的生命。

对居里夫人而言，这简直是致命的打击，但她知道自己不能倒下，所以她接替了皮埃尔生前的工作，成为法国巴黎大学的第一位女教授。

为什么说**爱因斯坦**是最具有创造力的科学家

有一颗重 1 230 克的大脑，被切成了 240 片来进行研究，这颗大脑的保存和研究者——哈维经历了失业、贫穷、落寞，但是却对其视若珍宝，严守对这颗大脑的主人的承诺，希望能够研究出它的与众不同。这颗大脑属于谁呢？看完之后你就知道了！

爱因斯坦

↑
1999 年被评选为
"世纪风云人物"

疯狂的名人科普馆

阿尔伯特·爱因斯坦（1879 年 3 月 14 日—1955 年 4 月 18 日），犹太裔理论物理学家、思想家及哲学家，"相对论"的创立者，被誉为"现代物理学之父"。

考考你： 爱因斯坦的遗憾是什么？

真相大白

爱因斯坦这一生最后悔的事情就是由他的理论制造出了原子弹，因为核弹一旦制造出来，就不由科学家而是由政治家说了算了。美国在广岛、长崎投下两枚原子弹，瞬间夺去近 20 万人的生命。

<120>

与众不同也是问题

爱因斯坦是生于德国的犹太人，父亲是一名不太成功的商人，母亲是一位钢琴家。爱因斯坦直到三岁才开始说话，着实让父母担心了好一阵子，幸好上学后他的成绩还不差，而且对自然科学特别感兴趣。

中学时，爱因斯坦放弃了德国国籍，他要做一个无任何依附的世界公民。第一次世界大战和第二次世界大战期间，爱因斯坦投入到反战运动，他的名字也因此出现在了德国右翼刺客们的黑名单上，希特勒悬赏两万马克要他的人头。幸亏他们没有成功，不然世界或许就不是现在这个样子了。这之后，爱因斯坦不得不迁居美国，1940年加入了美国国籍。

阿尔伯特·爱因斯坦

"爱因斯坦奇迹年"

或许你要问，爱因斯坦为什么是"世界上最伟大的人"？那就要追溯到那个被称为"爱因斯坦奇迹年"的1905年，这一年，爱因斯坦发表了三篇划时代的论文，提出了狭义相对论原理。

你们怎么能忘了我呢？爱因斯坦还是我的粉丝呢！

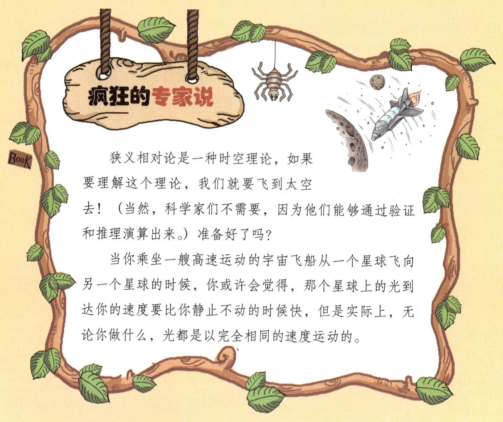

疯狂的专家说

狭义相对论是一种时空理论，如果要理解这个理论，我们就要飞到太空去！（当然，科学家们不需要，因为他们能够通过验证和推理演算出来。）准备好了吗？

当你乘坐一艘高速运动的宇宙飞船从一个星球飞向另一个星球的时候，你或许会觉得，那个星球上的光到达你的速度要比你静止不动的时候快，但是实际上，无论你做什么，光都是以完全相同的速度运动的。

为了纪念这一人类奇迹，100 年后的 2005 年被定为"世界物理年"。

❓ 考考你的老师：

狭义相对论也可以用来解释"穿越"的现象！所以你可以和你的老师来讨论一下"穿越"的话题！

你要记住这个才能考倒你的老师！

不过，你一定要记住这几点：

首先，这一切都基于你的速度越来越快，越来越接近光速。

1.当你的速度为光速的一半的时候，你就会发现自己的体重增加了。因为运动物体的速度越大就越

<122>

重。如果你的体重为 75 千克，此时就变成了 87 千克。

2.当你的速度为光速的一半的时候，你还会发现自己的飞船看起来短了 13%。

3.你的速度越快，时间就过得愈慢。当你进行了太空旅行返回地球的时候，你就发现你已经来到了未来，是的！你，穿，越，啦！

> 你就是我那 67 年前去太空旅行的爸爸？

是的，相对论的确很难理解，但是爱因斯坦却可以很简单地来解释。

考考你： 爱因斯坦是如何解释"相对论"的？

真相大白 ▶▶▶▶▶

爱因斯坦说："你坐在一个漂亮的姑娘身边，坐了两个小时就像只过了一分钟。如果你紧挨着一个火炉，只坐了一分钟，就觉得过了两小时。这就是'相对论'！"

< 123 >

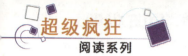

1915 年，爱因斯坦又发表了广义相对论。

看完才知道

广义相对论表明，大质量的恒星会终结为一个黑洞——时空中的某些区域发生极度的扭曲以至于连光都无法逸出。此外，广义相对论还是现代宇宙学的膨胀宇宙模型的理论基础。

啊，我太老了，我要变成……

我变成了黑洞，所有在我附近的物体都会被我吸进来！

考考你： 你知道爱因斯坦和小女孩的故事吗？

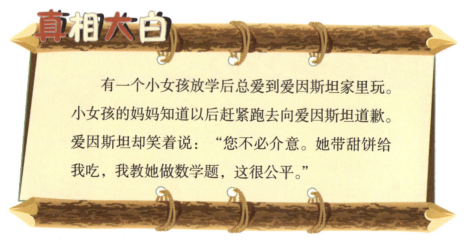

真相大白

有一个小女孩放学后总爱到爱因斯坦家里玩。小女孩的妈妈知道以后赶紧跑去向爱因斯坦道歉。爱因斯坦却笑着说："您不必介意。她带甜饼给我吃，我教她做数学题，这很公平。"

<124>

遗嘱

　　我死后，除护送遗体去火葬场的少数几位最亲近的朋友之外，其他人一概不要打扰。不要墓地，不立碑，不举行宗教仪式，也不举行任何官方仪式。骨灰撒在空中，和人类、宇宙融为一体。切不可把我居住的梅塞街112号变成人们"朝圣"的纪念馆。我在高等研究院里的办公室，要让给别人使用。除了我的科学理想和社会理想不死之外，我的一切都将随我死去。

阿尔伯特·爱因斯坦

挑战你的思维

请问下列选项中那一项不是爱因斯坦发现的？（　）

A 相对论

B 物质不灭定律

C 宇宙系数

D 万有引力定律

答案 ▽

　　答案：当然是 D 了。万有引力定律是牛顿发现的，不要忘记那个著名的苹果哦！

<125>

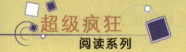
家庭作业：

爱因斯坦虽然不能帮你做数学作业，但是他却给你留下了一道题。据说是世界上最难的一道题！他说世界上有98％的人答不出来。聪明的你，试试吧！

1.在一条街上，有5座房子，喷了5种颜色

2.每个房子里住着不同国籍的人

3.每个人喝不同的饮料，抽不同品牌的香烟，养不同的宠物

问题是：谁养鱼？

提示：

1.英国人住红色房子

2.瑞典人养狗

3.丹麦人喝茶

4.绿色房子在白色房子左面

5.绿色房子主人喝咖啡

6.抽 Pall Mall 香烟的人养鸟

7.黄色房子主人抽 Dunhill 香烟

8.住在中间房子的人喝牛奶

9.挪威人住第一间房

10.抽 Blends 香烟的人住在养猫的人隔壁

11.养马的人住在抽 Dunhill 香烟的人隔壁

12.抽 BlueMaster 的人喝啤酒

13.德国人抽 Prince 香烟

14.挪威人住在蓝色房子隔壁

15.抽 Blends 香烟的人有一个喝水的邻居

<126>

答案：德国人

你答出来了吗？

考考你： 你能说出与爱因斯坦有关的趣事吗？

真相大白

　　爱因斯坦的儿子问他为什么会成为名人。爱因斯坦先是哈哈大笑，然后说："你瞧，甲壳虫在一个球面上爬行，可它意识不到它所走的路是弯的，而我却能意识到。"

图书在版编目（CIP）数据

追踪引领时代的科学先驱/崔钟雷主编. —— 北京：
知识出版社，2014.8
　（超级疯狂阅读系列）
　ISBN 978-7-5015-8160-3

　Ⅰ. ①追… Ⅱ. ①崔… Ⅲ. ①科学家 – 生平事迹 – 世
界 – 少儿读物　Ⅳ. ①K816.1-49

中国版本图书馆 CIP 数据核字(2014)第 181215 号

超级疯狂阅读系列——追踪引领时代的科学先驱

出 版 人	姜钦云
责任编辑	易晓燕
装帧设计	稻草人工作室
出版发行	知识出版社
地　　址	北京市西城区阜成门北大街 17 号
邮　　编	100037
电　　话	010-88390659
印　　刷	北京一鑫印务有限责任公司
开　　本	700mm×1000mm　1/16
印　　张	8
字　　数	80 千字
版　　次	2014 年 8 月第 1 版
印　　次	2020 年 2 月第 4 次印刷
书　　号	ISBN 978-7-5015-8160-3
定　　价	28.00 元